Bernhard Johannes Schmidt

BauSÄTZE

Gedanklicher Überlauf

BauSÄTZE

Bernhard J. Schmidt

Gedanklicher Überlauf

ISBN: 978-3752643367

Herstellung und Verlag:
BoD – Books on Demand, Norderstedt.

Bibliografische Information der Deutschen Nationalbibliothek:
Die Deutsche Nationalbibliothek verzeichnet diese Publikation
in der Deutschen Nationalbibliografie; detaillierte bibliografische
Daten sind im Internet über http://dnb.dnb.de abrufbar.

MIX
Papier aus verantwortungsvollen Quellen
Paper from responsible sources
FSC® C105338

FSC
www.fsc.org

FUNDSTÜCK

"Der Angriff des Telegraphen auf die aus dem Buchdruck erwachsene Definition von Urteilsbildung hatte drei Stoßrichtungen:

Er verschaffte der Belanglosigkeit, der Handlungsunfähigkeit und der Zusammenhanglosigkeit Eingang in den Diskurs. Entfesselt wurden diese bösen Geister des Diskurses dadurch, daß die Telegraphie der Idee der kontextlosen Information Legitimität verlieh, also der Vorstellung, daß sich der Wert einer Information nicht unbedingt an ihrer etwaigen Funktion für das soziale und politische Entscheiden und Handeln bemißt, sondern einfach daher rühren kann, daß sie neu, interessant und merkwürdig ist. Der Telegraph machte aus der Information eine Ware, ein »Ding«, das man ohne Rücksicht auf seinen Nutzen oder seine Bedeutung kaufen und verkaufen konnte.

Aber er schaffte das nicht allein. Die dem Telegraphen innewohnende Möglichkeit, Information in Ware zu verwandeln, wäre vielleicht nie Wirklichkeit geworden, wenn sich der Telegraph nicht mit der Presse zusammengetan hätte. Die Penny-Blätter, die kurz vor der Telegraphie, in den dreißiger Jahren des 19. Jahrhunderts, entstanden waren, hatten schon damit begonnen, Belanglosigkeiten in den Rang von Nachrichten zu erheben. Zeitungen wie Benjamin Days 'New York Sun' und James Bennetts 'New York Herald' wendeten sich von der überkommenen Vorstellung ab, Nachrichten bestünden aus vernünftig begründeten (wenn auch voreingenommenen) politischen Meinungsäußerungen und wichtigen Wirtschaftsinformationen, und füllten ihre Seiten statt dessen mit Berichten über aufsehenerregende Ereignisse, die meist mit Verbrechen und Sex zu tun hatten.

...

Es dauerte nicht lange, da hing das Schicksal der Zeitungen nicht mehr von der Qualität oder Nützlichkeit der Meldungen ab, die sie lieferten, sondern davon, wie viele Informationen sie aus welchen Entfernungen in welchem Tempo herbeischaffen konnten.

...

Wie Thoreau angedeutet hatte, machte die Telegraphie die Relevanz irrelevant. Der Überfluß an Informationen hatte mit denen, an die er sich richtete, mit einem sozialen oder intellektuellen Kontext, in den ihr Leben eingebettet war, nichts oder nur wenig zu tun."
Aus:
Postman, Neil (1985): Wir amüsieren uns zu Tode. Urteilsbildung im Zeitalter der Unterhaltungsindustrie.
22.05.2020

Mündig sein bedeutet, das zu tun was richtig ist – selbst wenn es die Regierung von einem erwartet.
22.05.2020

Hier ein paar - zu den gängigen Narrativen alternative - Erklärungsansätze für die "Hygiene-Demos":

"VII. The Inordinatly Selfish

The inordinately selfish are particularly susceptible to frustration. The more selfish a person, the more poignant his disappointments. It is the inordinately selfish, therefore, who are likely to be the most persuasive champions of selflessness.

The fiercest fanatics are often selfish people who were forced, by innate shortcomings or external circumstances, to lose faith in their own selves. They separate the excellent instrument of their selfishness from their ineffectual selves and attach it to the service of some holy cause. And though it be a faith of love and humility they adopt, they can be neither loving nor humble.

X. The Bored

There is perhaps no more reliable indicator of a society's ripeness for a mass movement than the prevalence of unrelieved boredom. In almost all the descriptions of the periods preceding the rise of mass movements there is reference to vast ennui; and in their earliest stages mass movements are more likely to find sympathizers and supthe bored than among the exploited and opressed. To a deliberate fomenter of mass upheavals, the report that people are bored stiff should be at least as encouraging as that they are suffering from intolerable economic or political abuses.

When people are bored, it is primarily with their own selves that they are bored. The consciousness of a barren, meaningless existence is the main fountainhead of boredom. People who are not conscious of their individual separateness, as is the case with those who are members of a compact tribe, church, party, etcetera, are not accessible to boredom. The differentiated individual is free of boredom only when he is engaged either in creative work or some absorbing occupation or when he is wholly engrossed in the struggle for existence. Pleasure-chasing and dissipation are ineffective palliatives. Where people live autonomous lives and are not badly off, yet are without abilities or opportunities for creative work or useful action, there is no telling to what desperate and fantastic shifts they might resort in order to give meaning and purpose to their lives."
aus: Hoffer, Eric (1951): The True Believer. Thoughts on the nature of mass movements.
23.05.2020

Das frühere "mangelhaft" wird heute korrekt so ausgedrückt:
"Eine interessante Arbeit mit maximalem Optimierungspotenzial"
23.05.2020

Trump, Donald:

"Make America Great Again"

Hoffer, Eric (1951): The True Believer

"It is true of course that the hope released by a vivid visualization of a glorious future is a most potent source of daring and self-forgetting—more potent than the implied deprecation of the present. A mass movement has to center the hearts and minds of its followers on the future even when it is not engaged in a life-and-death struggle with established institutions and privileges. A glorification of the past can serve as a means to belittle the present. But unless joined with sanguine expectations of the future, an exaggerated view of the past results in an attitude of caution and not in the reckless strivings of a mass movement. On the other hand, there is no more potent dwarfing of the present than by viewing it as a mere link between a glorious past and a glorious future. Thus, though a mass movement at first turns its back on the past, it eventually develops a vivid awareness, often specious, of a distant glorious past. Religious movements go back to the day of creation; social revolutions tell of a golden age when men were free, equal and independent; nationalist movements revive or invent memories of past greatness. This preoccupation with the past stems not only from a desire to demonstrate the legitimacy of the movement and the illegitimacy of the old order, but also to show up the present as a mere interlude between past and future." 24.05.2020

PEGIDA et al.
>"Lügenpresse"

Hoffer, Eric (1951): The True Believer
>"DOCTRINE

All active mass movements strive, therefore, to interpose a fact-proof screen between the faithful and the realities of the world. They do this by claiming that the ultimate and absolute truth is already embodied in their doctrine and that there is no truth nor certitude outside it. The facts on which the true believer bases his conclusions must not be derived from his experience or observation but from holy writ.

'So tenaciously should we cling to the world revealed by the Gospel, that were I to see all the Angels of Heaven coming down to me to tell me something different, not only would I not be tempted to doubt a single syllable, but I would shut my eyes and stop my ears, for they would not deserve to be either seen or heard.' To rely on the evidence of the senses and of reason is heresy and treason.

It is startling to realize how much unbelief is necessary to make belief possible. What we know as blind faith is sustained by innumerable unbeliefs. The fanatical Japanese in Brazil refused to believe for years the evidence of Japan's defeat. The fanatical Communist refuses to believe any unfavorable report or evidence about Russia, will he be disillusioned by seeing with his own eyes the cruel misery inside the Soviet promised land." 24.05.2020

Aus "Ich denke, also bin ich" folgt bei weitem nicht, dass wer is(s)t, auch denkt!
02.08.2020

Um die Sicherheit im Flugverkehr zu erhöhen, muss sich ab sofort in jedem Fluggerät mindestens ein Meister befinden. Denn es ist ja noch kein Meister vom Himmel gefallen.
02.08.2020

Was ich mache? Ich freue mich!
Denn ich habe soeben gesehen, dass "ad absurdum", ein Buch von mir, dass ich erst vor wenigen Wochen veröffentlicht und nie beworben habe, mittels US-Dollar gekauft wurde ...
Wenn nun auch schon absolute "Randwerke" international gekauft werden, dann kann der Durchbruch nicht mehr weit sein ... :-)
Aber auch die englischen Ausgaben der Autismus-Ratgeber erfreuen sich zunehmender Beliebtheit ...
Wenn der Prophet schon im eigenen Lande nichts gilt ...
06.08.2020

Tanzen auf der Titanic.

Während die Titanic, massiv beschädigt durch einen Eisberg namens Corona, um Minuten ihres Überlebens ringt, diskutiert Greta mit ihren Anhängern darüber, dass man doch den Schadstoff-Ausstoß der Titanic dramatisch reduzieren müsse, wenn man in der Zukunft eine Chance haben wolle. Viele suchen die Rettungsboote, die es nicht gibt, oder demonstrieren zusammen mit Klaus Peter gegen den Rettungswesten-Zwang und beschuldigen, mal wieder, die Juden.

Auf den Hinweis, dass doch ein Eisberg und nicht die Juden schuld an der Katastrophe wäre, kommt die Antwort „Ach, Eisberg, Goldberg, Rosenberg … ist doch alles das Gleiche."

Die Ideologen des Online-Schwimmunterrichts fordern auf einmal die sofortige Wiedereröffnung des Pools … und Schwimmunterricht.

In der Bar tanzen ausgelassen Menschen, während an anderer Stelle Menschen um ihr Überleben ringen – oder diesen Kampf bereits verloren haben.

Die Propheten der „I.R.I.S. Strategie" (Innehalten – Respektieren – Ignorieren – Selbst handeln) und der „antiautoriäten Erziehung" rufen nach dem Sicherheitsdienst, weil randalierende Horden durch das Schiff ziehen.

"Ich freue mich, wenn es regnet, denn wenn ich mich nicht freue, regnet es auch." (Karl Valentin)

Ich tanze – nicht aus Dummheit, sondern aus Einsicht ...

08.08.2020

Ich werde einen EU-Heimtierausweis für mich besorgen und für mich Hundesteuer bezahlen. Dann kann ich mich im Falle eines Zusammenbrechens des Gesundheitssystems wenigstens von einem Tierarzt behandeln lassen.
09.08.2020

"Die Not lehrt beten, sagt das Sprichwort, aber sie lehrt auch denken, und wer immer satt ist, der betet nicht viel und denkt nicht viel."
Theodor Fontane - Wanderungen durch die Mark Brandenburg
09.08.2020

Nachtschicht-Gedanken: Die neue alte Scharia-Polizei
Ist unsere Demokratie gefährdet? Ja sicher!
Demokratien sind immer gefährdet, das ist sozusagen „bauartbedingt".
„Das Problem von Demokratien ist, dass sie niemals so perfekt sein können wie Diktaturen."
Ist unsere Demokratie durch die Corona-Einschränkungen gefährdet? Auch Ja, sicher! Aber hier gibt es entsprechende Regeln, Gesetze und Gerichte, die über die De-

mokratie und Meinungs-Freiheit wachen.

Gefährlicher, viel gefährlicher sind die Bedrohungen, die kaum erkannt werden und gegen die (bisher) auch kein wirksames Gegenmittel exisitiert. Es sind die selbsternannten Sittenwächter, die westliche Form der „Scharia-Polizei".

Die Demokratie wird gefährdet durch die Gruppen – man könnte sie zu Recht auch Mob nennen, weil Mobbing ihr Mittel ist – die sich nicht nur anmaßen, Sittenregeln außerhalb des Gesetzes durchzusetzen, sondern dieses Sittengesetz auch gleich beliebig (um-)schreiben.

Nein, es darf nicht mehr „Mohren Platz" oder „Mohren Apotheke" heißen, im Kindergarten darf nicht mehr Jim Knopf vorgelesen werden – und Werbung von Audi mit einem Kind geht ja gar nicht.

Zur Durchsetzung des eigenen „Reinheits-Glaubens" dient nicht mehr die Steinigung, sondern der Shit-Storm.

Bedeutung wird aber ausgehandelt, Bedeutung ist nicht fest mit einem Wort oder Bild verbunden. Und die Bedeutung ist abhängig vom Kontext.

Da braucht man nur wenige Seiten bei den Wissens-Soziologen nachzulesen, z.B. Wenger, Etienne „Communities of Practice", oder auch bei Lev Vygotskij „Mind in Society".

Es wird also versucht, und das zum Schaden der Opfer und der ganzen Gesellschaft, die eigene Gruppen-Meinung gewaltsam (!) durchzusetzen.

Dabei geht es nicht um einen sinnvollen Diskurs, sondern

um die Befriedigung des „Bedürfnisses nach Wirkmächtigkeit". Wer nicht in der Lage ist, diese Wirkmächtigkeit
konstruktiv zu erleben, der ist „dagegen" - egal gegen
was.
Die Erkenntnisse der Sozial-Psychologie, Sprachfor-
schung … werden ignoriert.
Aber darum geht es ja auch nicht.
Hängen soll er, der Schuft, am höchsten Baum.
Es bleibt nur zu hoffen, dass sich die Gesellschaft als
auch die betroffenen Personen und Firmen … gegen dieses Tun wehren, dass sie nicht einknicken und damit den
Lynchmob auch noch belohnen!
HIER lauert eine WIRKlich große Gefahr für unsere Demokratie, und DAS ist der Weg in eine Sitten- und Mei-
nungs-Diktatur, bisher vollkommen unkontrolliert.
Das wird man doch wohl noch sagen dürfen!
10.08.2020

Nachtschichtgedanken: Rassismus in der Polizei?
Es ist schon eine merkwürdige Diskussion, die bezüglich
dieser Frage geführt wird.
Auf der einen Seite wird eine Untersuchung zu dem Thema gefordert, auf der anderen Seite diese dann abgelehnt.
HIER liegt das Problem, und nicht im Rassismus innerhalb der Polizei.

Vergleichbar wäre die Diskussion mit der Forderung von Gärtnern, doch zu untersuchen, ob es Unkraut (heute allerdings „unerwünschte Nutzpflanzen" genannt) in Gärten gibt.

Und dann geantwortet wird, eine solche Untersuchung wäre ein Generalverdacht gegen Gärten.

Nur weiß jeder, dass es nicht nur Unkraut, sondern auch Rassismus ÜBERALL gibt – und somit auch in der Polizei.

Und so, wie dem Gärtner nicht geholfen ist, indem er das Unkraut so lange ignoriert, bis er merkt, dass er gar nicht Kohl, sondern Giersch angebaut hat, so hilft es nicht, Rassismus zu leugnen.

Man muss aber auch eine Selbstverständlichkeit nicht untersuchen.

Es kommt ja auch keiner auf die Idee, zu untersuchen, ob es in Kindergärten normalerweise Kinder gibt. Denn Kinder gehören nun mal per Definition in einen Kindergarten.

Per Definition gehört aber Unkraut nicht in einen Garten und Rassismus nicht in die Polizei!

Nur sind sie fester Bestandteil des jeweiligen Systems, und auch relativ gleichförmig verteilt, vermehren sich …

Und wie dem Gärtner nicht damit geholfen ist, das Unkraut zu ignorieren oder wegzudiskutieren, so wäre es auch in der Polzei ein notwendiger, stetiger (!) Prozess, Rassismus in den eigenen Reihen zu erkennen und auszumerzen.

Die bisherige Diskussion zeugt aber leider von einem Corps-Denken, das genau so einen kontinuierlichen Prozess verhindert.

So wird der Garten zwar auf den ersten Blick beschützt, aber eben auch das Unkraut darin.

Das gleiche gilt natürlich auch für die Themen Radikalismus, Pädophilie … und nicht nur bei der Polizei, sondern auch der Bundeswehr …

Und nur der Vollständigkeit halber: man findet Rassisten und Radikale, Pädophile … natürlich auch unter Erziehern, Psychologen, Therapeuten, Gesundheitspflegern … egal ob männlich oder weiblich!

11.08.2020

Meine (?) Meinung

Mit der vermeintlich eigenen Meinung verhält es sich wie mit einem Messer.

Dies kann man sich zum Beispiel günstig beim Discounter kaufen. Diese Messer sind aus einem Stück Stahl gestanzt, die Qualität lässt zu wünschen übrig, und sie werden schnell stumpf … Dann kauft man sich halt ein neues Messer.

Aber ist das wirklich „mein" Messer?

Andere kaufen ihr Messer etwas teurer, verzieren es vielleicht mit ihren Initialen, und es hält auch etwas länger.

Aber ist das dann „ihr" Messer"

Wieder andere kaufen sich nicht ihr Messer, sondern schmieden es selber.

Aus vielen Lagen Stahl, die immer wieder erhitzt, gefaltet, geschmiedet … und wieder erhitzt … werden.

Diese Menschen schauen nicht im Werbeprospekt, wo es gerade günstig Messer zu kaufen gibt, auch nicht, welche Discounter-Messer die anderen haben.

Sie forschen nach neuen und alten Erkenntnissen, wie man ein Messer schmiedet.

Sie arbeiten an Schmiedefeuer und Amboss nicht nur am Messer, sondern auch an sich selber.

Sie lernen auch, dass es gar nicht nur auf die Klinge, sondern auch auf Heft und Parierstange ankommt, damit das Messer ausgewogen ist und man sich nicht daran verletzt.

Auch lernen sie, mit dem Messer umzugehen, also weder sich noch andere damit zu verletzten.

Und merken schnell, dass es eben „ihr" Messer ist, für den eigenen Gebrauch, auf die eigenen Bedürfnisse hin optimiert. Deshalb ist es kaum für andere geeignet.

Deshalb vergleichen sie auch nicht ihr Messer mit den Discounter-Messern, führen keine Diskussionen, ob das Messer von dem Discounter besser ist als das von jenem. Und vor allem greifen sie das Messer am Heft – und nicht an der Klinge.

Aber das ist nur meine Meinung. 12.08.2020

Warum ich Single bin? Bei "Elite Partner" wollen sie mich nicht. Und "Reste Rampe" gibt es noch nicht. 12.08.2020

Wer glaubt, er könne ein Problem durch Umbenennung lösen, hat das Problem nicht verstanden.
13.08.2020

Ich mag diese Hundetrainer-Sendungen. Man lernt so viel über das Verhalten von domestizierten Rudeltieren. Und auch ein wenig über Hunde.
13.08.2020

Werde ich nach guten Psychologie-Büchern gefragt, empfehle ich gerne Goethe und Loriot.
14.08.2020

Reziproke Homöopathie
Hier irrte James Bond 007, wenn er seinen Martini „geschüttelt – nicht gerührt" haben wollte.
Nach klassischer Homöopathie tritt durch das Schütteln zwar möglicher Weise eine Potenzierung auf, aber nur bei richtigem Schütteln, möglichst bei Vollmond!

Bei der reziproken Homöopathie wird dagegen, statt durch Verdünnung und Schütteln zu „potenzieren", durch Rühren und Prozentieren die Wirkung erhöht.

Gleich bleibt gegenüber der „normalen" Homöopathie jedoch auch bei der reziproken Homöopathie das „Simile-Prinzip". Es wird also Gleiches mit Gleichem behandelt.

Alkohol verursacht Kopfschmerzen – also werden Kopfschmerzen mit Alkohol behandelt.

Aber eben nicht verdünnt und durch schütteln „potenziert", sondern gerührt und prozentiert.

Gemäß des alten Wissens „viel hilft viel".

Zwar wird die Behandlung noch nicht von den Krankenkassen bezahlt, ist also eine IGeL, aber egal. Ich habe Kopfschmerzen ...

„Herr Doktor, fünf Martini bitte, gerührt – nicht geschüttelt! Und dazu eine Dornkat-Schorle."

16.08.2020

Emanzipation – die zentralen Irrtümer der Debatte

Die Idee, Emanzipation mittels Gesetz durchzusetzen, ist alles andere als neu. Aber sie ist definitiv falsch, und das gleich aus mehreren Gründen.

1.) Aufgaben der Rechtsordnung

Die Aufgabe der freiheitlich demokratischen Rechtsordnung ist die Sicherung des friedlichen Zusammenlebens der Menschen in unserem Land. Nicht mehr – und nicht weniger.

Sie ist also in letzter Konsequenz ein Minimal-Konsens – so viele Gesetze wie nötig, aber auch so wenige wie möglich.

Die Rechtsordnung hat NICHT die Aufgabe, zumindest nicht in einer freiheitlich demokratischen Gesellschaft, moralische oder utopische Vorstellungen einiger weniger durchzusetzen. Ein Grundfehler bei Linken und Grünen! Veggie-Days, paritätisch besetzte Wahllisten etc. haben nichts in einem Gesetz oder einer Verordnung zu suchen! Aber auch Heribert Prantl irrt mit seiner Meinung, die da lautet:

„16. August 2020, 16:13 Uhr
Prantls Blick: Warum das Paritätsgesetz eine gute Sache ist
Männer und Frauen sind gleichberechtigt. Doch die gesamte Emanzipationsgeschichte lehrt, dass es ohne konkrete und offensive gesetzliche Hilfe keine Fortschritte gibt.“

Die Fortschritte in der Emanzipationsgeschichte lehren, dass die ABSCHAFFUNG von moralischen Vorstellungen, die Einzug in Gesetze gehalten hatten und eine Emanzipation verhindert haben, das zentrale Element sind. Wir sollten nicht die abgeschafften moralischen durch utopische Ideen ersetzen! Zumindest nicht per Gesetz.

2.) Verständnis von Emanzipation
Zu diesem Thema gibt es eine hervorragende Arbeit von

Spiro, Melford E. (1979): Gender and culture: kibbutz women revisited ISBN: 0822304279

Aber Ideologen erfinden das Rad lieber immer wieder neu (meistens eher rechteckig als rund), als sich mit bereits vorhandenen Erkenntnissen, vor allem solchen, die den eigenen Ideologien entgegen stehen, auseinander zu setzen.

Hier eine kurze Zusammenfassung von Spiro:

2.a) Der Irrtum, die Geschlechterrollen seien REIN kulturell bedingt.

Diesem Irrtum unterlag Spiro anfangs, wie er berichtet, selber. Doch das Experiment Kibbutz zeigte, dass trotz revolutionär emanzipatorisch gestalteter Lebensumstände sich nach kürzester Zeit wieder die alten Rollen-Muster ausgeprägt haben. Und das mit Zustimmung beider Geschlechter, und letztlich sogar mehr auf Wunsch der Frauen als der Männer.

„In any event, by 1950, the very year that the kibbutz movement was proclaiming that its goal of female emancipation had been achieved, and thirty years after the founding of Kkyat Yedidmi, a sexual division of labor, following fairly traditional lines, had become a fact of life in all established kibbutzim. In Kiryat Yedidim, for example, only 12 percent of the able-bodied women were working on the land, while 88 percent worked in services, child care, and education. Moreover, in the quarter century that has passed since 1950, the sexual division of labor has become accentuated, for although its basic structure has not changed, the percentage of women in the farming branches of the kibbutz economy has declined even further."

„Sabra women not only reject this meaning, but many of them also reject the premise of the feminist ideology of the kibbutz founders from which it is derived—the premise that sex-role differentiation is culturally determined. They feel that this differentiation is biologically determined. This view, as the following extract from an interview with a young sabra woman in 1950 indicates, was also found twenty-five years ago. What was then, however, an indiosyncratic belief has become today the received opinion. "I think that a woman should do the work for which she is suited; not on tractors or in the fields. Women, by nature, cannot be active in agricultural production, particularly if their family life is to be integrated. Of course, some do it, and they do it in Russia. Still, I think it's not natural." In short, by 1975 it had become the view of most sabra women—and of sabra men as well—that the kibbutz division of labor, in which men work in farming and women in nonfarming labor, is a result of innate sexual differences. Women, they say, are most fulfilled by working with and helping other people, while men are most fulfilled when working with machinery and in tasks which give them a sense of power and domination."

2.b) Der Unterschied zwischen zwei verschiedenen Definitionen von „Equality"

„Equality, it is obvious upon slight reflection, has at least two meanings, both in popular as well as in technical usage. According to one view, people are said to be equal if, but only if, they are similar if not identical with respect to one or more criterial attributes. This might be characterized as the "identity" meaning of equality. According to a second view, people are said to be equal (even if they are dissimilar with respect to the criterial attributes) so long as their differences are held to be of equivalent value. This view, which might be characterized as the "equivalence" meaning of equality, is based on a pluralistic system of values, one in which the different forms assumed by the criterial attributes are viewed as having (more or less) the same worth.

Applying these two meanings of equality to the problem of sexual equality, then, according to its "identity" meaning, men and women are not equal if, with respect to the attribute of occupation, for example, they are dissimilar. According to the "equivalence" meaning, however, the sexes may be said to be equal so long as their differences with respect to this attribute are held to be equally valuable."

Spiro zeigt im folgenden eindrücklich, dass die „identity" Perspektive untauglich ist, also auch die Vorstellung, Frauen müssten alles gleich wie Männer machen … und gleich verteilt sein in allen Jobs und Positionen.
Bestand dagegen hat die „equivalence" Bedeutung, dass also das, was Frauen machen, als GLEICHWERTIG be-

trachtet wird wie das, was Männer machen. Im Kibbutz
waren das auf der Seite der Männer vornehmlich die
Feldarbeit, die hoch geschätzt wurde, weil diese direkt
das Überleben des Kibbutz gewährleistete.
Und auf der Seite der Frauen waren es Kinderpflege, Kü-
che, Näherei … Die Frauen verrichteten also wieder die
Tätigkeiten einer Hausfrau, aber nicht mehr als Hausfrau-
en, sondern in Betrieben.

"If, by definition, equality is construed in its "identity"
meaning (see supra, p. 7), then of course any form of sex-
role differentiation is itself proof of sexual inequality in
practice; and the sabra view that such differentiation is a
natural state of affairs is proof that sexual equality is no
longer even a kibbutz ideal. It is in accordance with this
meaning of equality that the social scientists quoted above argue that sexual equality is no longer found in the
kibbutz. The notion, however, that diversity necessarily
entails inequality is hardly a self-evident truth. As Alice
Rossi has observed, "where age and sex are concerned,
diversity is a biological fact, while equality is a political,
ethical, and social precept. Marxist theory notwithstan-
ding, there is no rule of nature or social organization that
says men and women have to be the same or do the same
things in order to be socially, economically, and political-
ly equal" (Rossi 1977:2). In short, if sexual equality is
taken in its "equivalence" meaning (see supra, p. 8), sex-
role differentiation is not, a priori, a sufficient condition
for sexual inequality; and the question of whether sexual

specialization in the kibbutz economy can be said to be characterized by sexual inequality then becomes an empirical question."

Wie aber kann man dann Gleichberechtigung „messen" und vor allem auch umsetzen.

„If we adopt the "equivalence" meaning of equality, there are (or so at least it seems to me) five criteria for assessing the degree to which any system of economic specialization, whether based on sex or on any other attribute, may be said to be characterized by inequality.

First, for any category of social actors, is recruitment to the various specialties based on systematically discriminatory qualifications?

Second, even if it is not discriminatory, does the recruitment system result in the allocation of any category of social actors to (culturally defined) low-status occupations?

Third, for any category of social actors does the allocation result in a discriminatory or inequitable reward structure? Fourth, for any category of social actors, does the allocation result in discriminatory or inequitable working conditions?

Fifth, regardless of the assessment of outside observers, does any category of social actors perceive the system (by any of the above criteria) to be discriminatory? Using these criteria let us now examine the sexual division of labor found in the kibbutz.

To begin with the first criterion, the reemergence of sexual specialization in the early days of the kibbutz, by which women became mcreasingly concentrated in educational and service branches, was based neither on cultural (prejudice) nor structural (discrimination) barriers to the recruitment of women to so-called "male" (or any other) occupations. Rather, as we observed in a previous chapter, it was based primarily on an interaction of two other variables: (a) the biological disadvantage of women in agricultural occupations, and (b) a commitment (on the part of both sexes) to rising levels of investment and consumption. This is not to deny that in some cases at least it was also based on sex-role typing. That this, however, is a sufficient sign of prejudice or discrimination cannot be judged by current polemical struggles. For, despite these pol the degree to which some sex-role typing might accurately reflect true sexual differences, rather than hidden (and not so hidden) prejudice, remains scientifically moot.

Moot or not, the sex-role typing in the kibbutz was shared, it will be recalled, by men and women alike, rather than imposed by men on the women. This does not mean, as I shall have occasion to observe below, that true sexual prejudice (in contrast to sex-role typing) was absent from the kibbutz in its early years, or has disappeared from the kibbutz today. Since, however, this prejudice was and is individual and isolated, rather than institutionalized, it did not have a major impact either on the origins of the sexual division of labor in the kibbutz or (what is more germane) on the contemporary recruitment of women to their economic roles. That the system was not, and is not, based on systematically discriminatory recruitment practices is, I think, indisputable. In short, by the first criterion (discriminatory recruitment), there is litte evidence that the sexual division of labor in the kibbutz is based on sexual inequality."

Beim zweiten Kriterium kam heraus, dass auch die Vergütung für alle Tätigkeiten aufgrund des sozialistischen Ansatzes gleich war. Auch hier gab es – anders als bei uns – keine Benachteiligung von Frauen!

Das sieht bei uns natürlich ganz anders aus. Hier liegt meiner Meinung nach das Grundproblem, der Kern der Ungleichheit und Ungerechtigkeit, dass Frauen und Frauen-Jobs durchgängig schlechter bezahlt werden!

Dass also Tätigkeiten wie Krankenschwester, Kindergärtnerin, Altenpflegerin … schlecht bezahlt werden.

Davon lenkt die Diskussion über paritätische Listen aber einfach nur ab!

Was ist die Folgerung?!

Frauen sollten ebenso wie Männer das tuen dürfen, was sie tun möchten. Und sie MÜSSEN dafür eine gleiche Bezahlung erhalten!

DAS ist Gleichberechtigung in der „equivalence"-Bedeutung.

Abschließend sein noch bemerkt, dass sich in den Kibbutz-Leitungspositionen auch deutlich weniger als die Hälfte Frauen befanden, häufig weniger als ein Drittel. Aber nicht, weil sie nicht durften – im Gegenteil – sondern weil sie einfach nicht wollten!

„The underrepresentation of women in kibbutz governance holds for extra-kibbutz political and leadership activities, as well. Thus for the entire federation, males comprise 84 percent of the participants in economic public service, 71 percent of the leadership positions of the federation, and 78 percent of the political activists (Tiger and Shepher 1975; 91).

These various findings, it should be added, have been replicated in other studies of individual kibbutzim (Shain 1974) and of other kibbutz federations (Tahnon-Garber 1965). Indeed, one of the federations, worried by the low frequency of female participation in kibbutz governance, went so far as to require that women comprise at least one-third of the membership of its administrative committees and other governing bodies. Even this standard, however, was seldom attained because, despite this ruling, few women were willing to serve.

This last sentence contains the explanation for all the other findings related to the role of women in kibbutz governance. As in the case of their small proportion in farming, only a few women occupy leadership positions in kibbutz governance because the majority are not interested. Moreover, the typical explanation which they offer for sex-role differentiation in the political system is the same explanation they adduce for its prevalence in the economic system, viz., men and women have different interests. Women (according to the majority of both males and females in our six-kibbutz sample) tend to be more concerned with their families, while men, even family-oriented men, are more concerned with communitywide affairs. In Kiryat Yedidim this view was also found in 1950, but then it was held by a minority."

Alle Zitate aus

Spiro, Melford E. (1979): Gender and culture: kibbutz women revisited ISBN: 0822304279

17.08.2020

Also "Wiener Schnitzel" geht ja noch,
aber "Wiener Würstchen" ist eindeutig eine rassistische Beleidigung!
Dringend umbenennen!
18.08.2020

Warum auch Jugendliche den Corona-Verschwörungs-...-Mythen anhängen? Warum nicht????
Auch hier gibt es ein wunderbares Buch, diesmal von einem Sozialpsychologen: Leo Festinger.

Diesem ist es in 1950er Jahren gelungen, einige Mitarbeiter in eine Gruppe von Untergangs-und-Ufo-Gläubigen einzuschleusen und direkt zu beobachten!
Daraus ist das Buch (1956) entstanden: "When Prophecy Fails. A Social and Psychological Study of a Modern Group that Predicted the Destruction of the World."
Wenn Journalisten mindestens soviel lesen würden, wie sie schreiben ... das könnte helfen sinnlose Artikel zu vermeiden.

https://www.bento.de/politik/corona-verschwoerungstheorien-warum-auch-junge-menschen-daran-glauben-a-325d9dda-b423-4392-acde-9b73569267c8#refsponi
18.08.2020

Hat nicht jedes Land die Regierung, die es verdient - vor allem in demokratischen Ländern?
Trump ist nur ein Symptom für die vielen Probleme in den USA.

https://www.spiegel.de/politik/ausland/michelle-obama-beim-parteitag-der-us-demokraten-donald-trump-ist-der-falsche-praesident-fuer-unser-land-a-07c20b0d-4d59-47d8-9b5b-660dd1ad0388
18.08.2020

Heute habe ich mein neues Buch "Autismus - 'Blaming the parents'. Forschung zwischen Dogma und Tabu" in der Reihe "Beiträge zur Wissenschaftspsychologie" zum Verlag gegeben.

Damit habe ich für mich das Thema Autismus abgeschlossen und werde mich nun neuen Themen zuwenden.

- Erneuerung der Psychologie
- Begründung der Wissenschaftspsychologie
- Entwurf einer sozialpsychologischen Pädagogik
- Die Auswirkung von Dogmen auf unser Verhältnis zur Welt im allgemeinen, und zu Hunden im besonderen
- Narzissmus als "Arschloch-Krankheit"
...

fad wird mir also nicht werden.

22.08.2020

So schnell kann es gehen, dass sich die Dinge anders entwickeln als gedacht.

Soeben erhielt ich von Prof. Dr. Khoziev, Leiter der Abteilung für klinische Psychologie an der Universität Dubna, RU, nicht nur die Anfrage, ob er mein neues Buch ins Russische übersetzen und publizieren darf ...

Sondern auch das Angebot, zusammen mit ihm und seiner Frau, die auch Psychologin ist, ein Buch zum Thema

"Speech Development in Children with Autism" zu
schreiben ... kulturübergreifend ...
Wird also wohl nichts mit zur Ruhe setzen, Autismus als
Thema abhaken ...
23.08.2020

Fundstück:
„Es ist der größte Skandal der Philosophie, daß, während
um uns herum die Natur - und nicht nur sie - zugrunde
geht, die Philosophen weiter darüber reden …, ob diese
Welt existiert."
Karl Popper
25.08.2020

Fundstück ...
"Eng drängen sich die Verzweifelnden zusammen. Das
zur Angst verdichtete Unbehagen macht alle gleich. Darum ist die Masse ungestalt und uniform. Ihr fehlt das
Gliedernde, Achtung, Freundschaft, Liebe, das eine diffe-
renzierte Ordnung erstehen lassen könnte.
Und doch vereinigt sie, mehr noch als die gemeinsame
Angst, der Haß. Er ist es, der sie zusammenhält. Eine
Angst, deren Schatten unheimlich lautlos über uns lastet,
ohne daß ihre wahre Gestalt je sichtbar würde, ohne daß
eine Richtung sich zeigte, in der ihre Ursache faßbar und

zu vernichten wäre, ruft allen Haß und alle Feindschaft im Einzelnen auf. Diese noch blinden Haß bringt jeder mit. Daran erkennen sie einander. Es ist ein Haß, der nach einem greifbaren, sichtbaren Gegenstände lechzt. Darum ergreift er gierig Beliebiges, zur Beute Vorgeworfenes, als Allen endlich sichtbaren, Allen gemeinsamen, Alle einigenden Feind. Der bisher ziellose und so lange gehegte Haß hat endlich ein Opfer, an dem sein wütender Angriff sich zu entladen vermag.

In der Masse löst sich die zur Vereinzelung verarmte Individualität, indem sie auslöscht. Sie gibt die Verantwortung für ihr Tun und Lassen weg an jene Macht, die ihr die Feinde nennt und das Heil verspricht, ein Versprechen, das ihr aus lauten Mündern ohne Unterbruch in die Ohren tönen muß.

Aber ist es denn nicht Freiheit, die gesucht wird? Ist doch das Wort «Freiheit» der eigentliche Sehnsuchtsschrei, der aus der Masse heraustönt und der in sie hineingeschrieen wird. Was dem Menschen den Spielraum der Freiheit offen hielt, die Hüter dieser Freiheit, Sittlichkeit und Moral, erleidet der Einzelne als unerträglich sinnlosen Zwang, denn sie mauern ihn in ein Leben ohne Werden und Reifen ein, das, da es sich nach Wandlung sehnt, mit Schrecken nur noch eine Wandlung kennt: den Tod, das Ende. Hier ist Vernichtung. Darum lechzt der Mensch danach, von diesem Zwange frei zu werden. Also meint er, wenn er Freiheit fordert: Freiheit von Bindung, Ueberlieferung, Ordnung, Verantwortung, Gewissen. Im Grunde aber

meint er: Freiheit von Angst und Tod. Diese fragwürdige
die Frage nach dem Wovon? Gegenüber dem Wozu?
bleibt sie ohne Rat."
[Bally, Gustav (1945): Vom Ursprung und von den Grenzen der Freiheit.]
30.08.2020

Stoppt die Diskriminierung asiatischer Minderheiten!
Benennt endlich den "Gelben Sack" um!
04.09.2020

Wenn ich mal wieder mehr Zeit habe, werde ich mir zwei
Hunde kaufen. Den einen werde ich MYTHOS, den anderen LOGOS nennen. So kann ich dann zuschauen, wie
MYTHOS und LOGOS miteinander spielen und gemeinsam Hasen jagen …
07.09.2020
Fundstück:
"Wir können heute beobachten, wie verschiedene Wertsysteme miteinander kämpfen. Sie propagieren in der ersten Phase Gegenwerte: statt Gehorsam etwa Gehorsamsverweigerung, statt Fleiß und Arbeitswillen Leistungsverweigerung, statt Ordnung und Selbstbeherrschung Sich-Gehen-Lassen – kurz, zu leben, wie es einem gefällt.

Freiheit in allen Bereichen, auch Befreiung vom Zwang der Ehe, der Autorität der Eltern. Eine solche Freiheitsideologie spricht an, und dementsprechend ist das Schlagwort Freiheit wohl das von Politikern am häuflgsten gebrauchte. Diktatoren oder Demokraten verwenden es in gleicher Weise. In den Kampfliedern des Nationalsozialismus z. B. wurde das Wort unentwegt mißbraucht. Daß sich mit dem Freiheitsappell die Forderung nach blindem Gefolgsgehorsam verband, diesen Widerspruch merkten die wenigsten. Und genausowenig durchschauen viele der Heutigen, wie Ideologen das Schlagwort mißbrauchen, um sich als Befreier anzubieten."
[aus: Eibl-Eibesfeldt, Irenäus (1984/2004): Die Biologie des Menschlichen Verhaltens. Grundriss der Humanethologie ISBN 3-937501-01-0]
12.09.2020

Ich liebe die Zivilisation.
Da haben wir nicht nur zig Label für alles mögliche ... sondern auch etliche Mülltonnen ...
Aber es gibt keinen simplen Buchstaben auf Verpackungen, der darüber informiert, in welche Tonne denn die Verpackung gehört.
Ist für Zivilisation wohl zu simpel ...
15.09.2020

Mein neues Angebot "Hilfe für Helfer":
Viele Menschen werden in ihrem Beruf mit autistischen
Menschen konfrontiert … und meistens allein gelassen.
Seien es Lehrinnen und Lehrer, Erzieherinnen und Erzie-
her, Therapeutinnen und Therapeuten …
Und viele von diesen Menschen handeln zum Glück auf
Grundlage einer langjährigen Erfahrung und einer guten
Intuition.
Für alle diese Menschen biete ich eine kostenlose Beratung z.B. bei
– einem besonderen Problem im Umgang mit einem autistischen Schüler /einer autistischen Schülerin, einem autistischen (?) Kindergartenkind …
– der Vorbereitung eines Vortrags …
– dem Wunsch nach einer zweiten Meinung
– …

Die Beratung kann sowohl telefonisch als auch, z.B. bei
einem Team oder Kollegium, per Video-Chat erfolgen.
Rufen Sie mich einfach an oder senden Sie mir eine E-
Mail zur Terminabsprache.
Ich freue mich auf das Gespräch mit Ihnen!
http://autismusberatung.info/hilfe-fuer-helfer/
18.09.2020

Jetzt kommt sie wieder ...
Die schwierige Umstellung von Frühjahrsmüdigkeit auf
Winterschlaf.
25.09.2020

Ein zentraler Irrtum bei der Analyse von Trump und seinen Anhängern ist die Annahme, dass diese ihn wählen,
obwohl er irre ist. Aber sie wählen ihn, WEIL er irre ist.
30.09.2020

"Das Münchhausen Stellvertreter Syndrom als Gruppenphänomen"
Wer lässt sich nur solche Buchtitel einfallen???
Achso ... ich
01.10.2020

Meine Nachbarn sind so rücksichtsvoll, dass sie Lärmbe-
lästigungen meist auf die Mittagszeit an Sonn- und Feier-
tagen begrenzen.
03.10.2020

Andere genießen Ansehen
– ich genieße Wegsehen.
03.10.2020

Mühe zahlt sich halt doch aus …
Nachdem ich mehrere hundert Bücher gelesen, und umfangreiche Feldstudien durchgeführt, sowie fast alle mir möglichen Fehler begangen habe, kann ich nun mit absoluter Sicherheit sagen:

    42 ist richtig!

06.10.2020

Also ich hab da mal ein Anliegen ….
Wenn wir dann endlich alle Mohren-Plätze und Zigeuner-Saucen erfolgreich umbenannt haben, müssen wir uns mal ein Stück weit dringend mit folgenden Problemen beschäftigen:

1.) Durch die feste Reihenfolge der Geschlechtsangabe (m/w/d) in Stellenanzeigen werden Männer bevorzugt, und divers Geschlechtliche diskriminierend benachteiligt!!!!
Ein regelmäßiger Wechsel der Reihenfolge, also z.B. (w/d/m) oder (d/m/w) …, ist von daher zwingend notwendig!! Beendet endlich diese Diskriminierung!

2.) Wenn schon in Stellenanzeigen und im Personalausweis „divers" (nein, es ist nicht der Plural des englischen diver gemeint!) notwendig und möglich ist, dann muss dem, im Sinne der Gender-Gerechtigkeit, auch beim Gendern Rechnung getragen werden!

Meine Vorschläge wären zum einen, statt des „-Innen"
ein „-Dinnen" oder gerne auch „-DInnen" jeweils anzu-
hängen, also z.B. PilotDInnen.

Da in diesem Beispiel der Gender-Anhang mehr Buchstaben hat als das Ursprungswort, wäre mein zweiter Vor-
schlag das Anhängen von „-jeG" für „jeglichen Ge-
schlechts". Also „PilotjeG".

Das könnte allerdings im Rheinland zu etlichen Beleidi-
gungsklagen aufgrund der Verwechslung von jeG mit
Jeck führen.

3.) Bisher ungeklärt ist auch die Frage, wie man in Zukunft dann „Samenspender" richtig gendern kann und
muss????

11.10.2020

Die aktuell sehr unterschiedlichen Corona-Maßnahmen
sind der zum Scheitern verurteilte Versuch, die Dummheit in ihren vielgestaltigen Formen differenziert zu ver-
hindern, um einen Lock-down zu vermeiden.

11.10.2020

Trump bashing?
Über einen Clown zu lachen ist doch kein bashing!

11.10.2020

Nach Hans Vaihinger sind Vernunft und Freiheit "Fiktionen", also Annahmen, die zwar für eine Demokratie notwendig, aber mit der Wirklichkeit nicht vereinbar sind. (Vaihinger, Hans 1923: Die Philosophie des "als ob") Nach Dr. Ganz und mir handelt es sich bei den Ereignissen in USA, GB etc. um pathologische Gruppenprozesse, die wir bereits 2017 beschrieben haben. (Ganz, Schmidt 2017 "Symbiotischer Narzissmus als Gruppenphänomen")

https://www.spiegel.de/wirtschaft/unternehmen/donald-trump-beschaedigt-auch-unsere-demokratie-kolumne-a-71714efc-dde0-44e3-9262-52bfda6956d6
11.10.2020

Tja, gestern noch dazu geschrieben ... und heute Thema im Spiegel ...
Meiner Meinung nach sollten die eher mit dem Strafrecht anfangen, es hier einmal umsetzen. Also von Mörderinnen, Brandstifterinnen, Vergewaltigerinnen ... schreiben. Da würde sich mancher das mit der gendergerechten Sprache noch mal überlegen ...

https://www.spiegel.de/politik/deutschland/justizministerium-schreibt-gesetzentwurf-in-weiblicher-form-glaeubigerinnen-und-inhaberinnen-a-0b1c74d4-e02e-4510-8c10-706786538577
12.10.2020

Schönes Fundstück zu den Corona-Demonstrationen:
"When suffering from some attack or disease, primitive
men assumed that some evil spirit had taken hold of
them. In order to cure the sick man they try to exorcise
this spirit. For this they use those methods that are see-
mingly supposed to drive away an actual person: they
give the spirit a name, demand that it leave, or frighten it
with noise."
[Vygotsky; Luria: "Studies on the History of Behavior.
Ape, Primitive, Child"]
13.10.2020

Auf den Schultern von Riesen ...
sitzen die Faulen und Feigen!
16.10.2020

"Zucker mit unterschiedlichen Geschichten"
... ist die Zusammenfassung von Placebo und Globuli.
16.10.2020

Helloween
kommt gar nicht aus den USA, sondern ist eine gut ge-
tarnte Werbung des österreichischen Tourismusverbands.
21.10.2020

Das Besondere von Erkenntnis durch Wissenschaft liegt
darin, dass wir vom Kosmos und von der Tiefsee jeweils
nur 4% kennen.
Beim Kosmos weil wir ihn erforscht haben, und bei der
Tiefsee weil wir sie nicht erforscht haben.
21.10.2020

Häufig dauert es bis zum Herbst, bevor der Kaiser seine
Nacktheit gewahrt.
24.10.2020

Und da ist es wieder, das Klopa-hamster Narr-ativ.
24.10.2020

Wenn Dummheit der Sprengstoff, dann ist Größenwahn
der Zünder.
26.10.2020

Das nennt man dann wohl "flow" ...

Gestern habe ich mein neues Buch

"Entwurf einer wissenschaftlichen Psychologie"

zum Verlag gegeben.

Das dritte Buch innerhalb von 2,5 Monaten nach

"Autismus - Blaming the Parents - Forschung zwischen

Dogma und Tabu"

und

"Das Münchhausen Stellvertreter Syndrom als Gruppen-

phänomen"

Heute dann gleich mal angefangen mit meinem neuen

Buch über

"Mensch, Hund und Kultur"

Sollte Ende nächster Woche fertig sein ...

Wie sagte schon Kurt Lewin:

"Es gibt nichts Praktischeres als eine gute Theorie."

27.10.2020

Demokratie bedeutet nur dass die Mehrheit,

nicht aber unbedingt auch die Vernunft regiert.

04.11.2020

Mich juckt's grad am Rücken.
Könnt ihr mir bitte alle mal den Buckel runter
rutschen ;-)
10.11.2020

Was macht man, wenn einem Dank Corona sämtliche
Vorträge, Fortbildungen und Seminare wegbrechen?
Richtig - eine neue Firma gründen ...
www.wachmensch.de
12.11.2020

Das Angenehme am Wohlstand ist, dass man die selben
Fehler immer wieder begehen kann, ohne daraus lernen
zu müssen.
22.11.2020

Mein neues Buch
„DOGmatismus. Neue Perspektiven auf Mensch, Hund
und Kultur."
ist soeben erschienen:
„Über Jahrhunderte sind in unserer Kultur Dogmen entstanden, die dem Verstehen sowohl von uns selber als

auch von unseren Hunden im Wege stehen. Beseitigen wir diese Dogmen, und können wir uns als das wahrnehmen was wir sind, nämlich domestizierte Rudeltiere, dann wird auch das Zusammenleben mit unseren Hunden verständlich. Und zwar als eine artübergreifende Kooperation, wie sie in der Natur eher die Regel als die Ausnahme ist.

So wird der Hund nicht mehr als behavioristische Maschine gesehen, sondern als Sozialpartner, mit dem wir viel mehr gemeinsam haben, als bisher wahrgenommen wurde.

Der Unterschied – aufgrund unseres Alleinstellungsmerkmals „Bewusstsein" – zu unseren Hunden, ist viel geringer als bisher angenommen. Zu einem großen Teil sind das Verhalten von Mensch und Hund sehr ähnlich. Vor allem auch ähnlich komplex, vielfältig und faszinierend."
23.11.2020

Mein Jahresrückblick 2020:
Für viele war es mit Sicherheit ein schwieriges bis katastrophales Jahr, vor allem aufgrund der Corona-Pandemie.
Ich bin mir deshalb des Privilegs sehr bewusst, eigentlich nur Gutes über 2020 berichten zu können.
Ein wesentlicher Teil für mein Wohlbefinden und meine Gesundheit liegt mit Sicherheit an meinem Wohnort,

Oberwarmensteinach, einer Insel der Glückseligen mit wenig Menschen und viel Natur.

Die Corona-Pandemie kam „zum Glück", bevor ich mit den aufwendigen Vorbereitungen für eine geplante Vortragsreise begonnen hatte. Durch den Wegfall von Autismus-Vorträgen und -Seminaren war zudem viel Zeit, sich noch einmal intensiv mit der Geschichte der Autismus-Forschung im Speziellen und der Psychologie im Allgemeinen zu beschäftigen. Die Geschichte der Autismus-Forschung zeigt, dass ich gar nicht so alleine bin mit meiner Autismustheorie. Vor etwa 50 Jahren gab es etliche Wissenschaftler, die ähnlich dachten und ähnliche Theorien entwickelt hatten. Doch diese Therorien hatte man die letzten Jahrzehnte bewusst unterdrückt, als Teil des „Münchhausen Stellvertreter Syndrom als Gruppenphänomen".

Es war mir nach sechs langen Jahren intensiver Beschäftigung möglich, für mich das Thema Autismus zumindest theoretisch zu einem Abschluss zu bringen. Der Verlust durch Seminare und Vorträge wurde und wird zudem durch einen recht erfreulichen Anstieg der Buchverkäufe, auch international, ausgeglichen.

Dann folgte die Auseinandersetzung mit weiteren Bereichen der Psychologie, und diese gipfelte im „Entwurf einer wissenschaftlichen Psychologie".

So war das Jahr 2020 für mich sehr produktiv und brachte mir einen wesentlichen Durchbruch im Verständnis der

Psychologie und „Neue Perspektiven auf Mensch, Hund und Kultur".

Bezüglich Geldverdienen hatte ich zum Glück schon vor der Pandemie meine ersten Fühler in den Bereich des Sicherheitsdienstes ausgestreckt. Mit Bereitschaftsdienst für die Personenbefreiung aus Aufzügen verdiente ich mir seit Januar ein wenig hinzu.

Zum Sicherheitsdienst muss man geboren sein – und das bin ich anscheinend, wie Hunderte Stunden verschiedenster Bewachungen gezeigt haben. Es ist ein sehr spannender Beruf, der einen in sehr viele verschiedene Bereiche schauen und die unterschiedlichsten Erfahrungen sammeln lässt – nach Freud als ‚Studien zur Psychopathologie des Alltagslebens'.

Im Juni 2020 habe ich nicht nur meine Sachkundeprüfung für das Bewachungsgewerbe vor der IHK erfolgreich abgelegt, sondern im November auch die Bewachungserlaubnis erhalten.

Einziger Wermutstropfen war, dass ich auf letztere statt nur einem Monat, wie üblich, lange drei Monate warten musste – aufgrund der Überlastung des Landratsamts wegen Corona.

Drei Monate fast ohne Einnahmen – aber dafür mit insgesamt sieben Buchveröffentlichungen.

Und zur Zeit arbeite ich, während ich mich parallel um den Aufbau meiner neuen Firma www.wachmensch.de kümmere, an einem weiteren Buch: „Praktische Psychologie für den Sicherheitsdienst". Aber nicht mehr als ‚Pflicht‘, sondern als ‚Kür‘.

Und so freue ich mich, auf einer sehr soliden Basis, auf 2021. Und auf alles, was dieses neue Jahr mit sich bringen wird.

27.11.2020

Querdenker?

Für die einen sind es 'Covidioten',

für den klinischen Sozialpsychologen sind sie das Symptom einer kollektiven psychischen Dekompensation aufgrund einer gesellschaftlichen Stresssituation, einhergehend mit der Regression auf die Stufe mythisch-magischen Denkens.

29.11.2020

Querdenker? FORTSETZUNG

Was ist der Unterschied zwischen der Bezeichnung 'Covidioten',

und dem 'Symptom einer kollektiven psychischen Dekompensation aufgrund einer gesellschaftlichen Stresssituation, einhergehend mit der Regression auf die Stufe mythisch-magischen Denkens'?

Erstere erklärt gar nichts.

Die Perspektive der klinischen Sozialpsychologie jedoch kann erklären, warum

a) auch Ärzte, Staatsanwälte etc. auf einmal zu Verschwörungsanhängern werden. Denn die psychische Dekompensation kann natürlich jeden treffen.

b) man nicht mit rationalen Argumenten gegen die Verschwörungsmythen ankommt. Man befindet sich einfach auf zwei klar voneinander getrennten Stufen des Denkens. Mythisch-magisch auf der einen, rational auf der anderen Seite.

c) im Zweifelsfall eine klare, 'harte' Regel beim zweiten Lockdown besser gewesen wäre. Der häufige Ruf nach dem „starken Mann" in Krisensituationen wird so verständlich.

d) es mit Sicherheit mehr „Querdenker" gibt, als bei den Demos sichtbar werden. Ich gehe von einem Anteil von ca. 3-5% der Bevölkerung aus.

e) so viele Künstler unter den Querdenkern vertreten sind. Weil deren Beruf eine gute Möglichkeit zur Kompensation z.B. einer narzisstischen Persönlichkeitsstörung bietet. Letztere zu einem gewissen Maße sogar Zugangsvoraussetzung ist.

…

Gleichzeitig wird aber auch deutlich, dass die Annahmen von „Rationalität" und „Freiheit" zwar für eine Demokratie wichtig sind, aber trotzdem nur „Fiktionen" (Vaihinger). Also Annahmen, die zwar notwendig sind, aber der Wirklichkeit widersprechen.

…

30.11.2020